DISCOURS

COMPOSÉ PAR LE SIEUR

ANTOINE ROGÉ,

Habitant la commune de Seysses (Haute-Garonne),

Ex-Sergent au 22ᵉ de Ligne, congédié au 1ᵉʳ de la même Arme, le 17 Janvier 1838.

Voici le beau commencement, pour notre honneur et celui de notre grand Président; je commence d'abord par son salut :

ARTICLE PREMIER.

Peuple de France et de Paris, je m'en vais prononcer au nom de tous ces paroles saluantes; en saluant sa grande majesté de France, nous saluons tous nos armes et ces épées si luisantes et si brillantes, qui rendront un jour ces armes et ces épées redoutables? ce seront les bras du peuple et de nos soldats français. Après que nous aurons tous pleuré, gémi et répandu des larmes, nous aurons reconnu alors notre innocence et notre ignorance, et nous prierons en conséquence le Seigneur notre Dieu qu'il nous donne la force dans nos armes afin que nous puissions défendre et respecter tout ce que nous possédons; nous lui demanderons en outre, une légion d'anges guerriers, afin qu'ils viennent nous aider à défendre la croix et les étendards de la religion; alors nous serons sûrs et certains que tout sera défendu et respecté, en observant toutefois, que nous conserverons parmi nous notre cher Louis-Napoléon Bonaparte et sa parenté; crions tous en conséquence, à haute voix : Vive Louis-Napoléon Bonaparte, le rejeton de de ce grand Napoléon Bonaparte, empereur des Français; crions tous à haute voix : Vive Louis-Napoléon Bonaparte, le neveu, le cousin de ce père et de ce fils décédés, répétons tous à haute voix: Vive Louis-Napoléon Bonaparte et sa parenté; ils sont tous les amis des Français.

Art. 2.

Peuples et soldats! il y avait long-temps, que je désirais venir au milieu d'un peuple si nombreux ; il y avait long-temps que je désirais de venir au milieu d'un peuple si honorable, dans l'intention de vous prendre tous à témoins de l'honneur de tant de félicitations que je veux faire au peuple et aux soldats Français et à d'autres, dans l'intention de vous prendre aussi à témoins de l'honneur des quantités de nouvelles que je veux vous apprendre à tous ; veuillez m'honorer de votre attention ; celui qui vous parle n'a point reçu de l'instruction, ni de l'éducation ; si par cas il venait à hésiter, à balbutier ou se tromper, veuillez le pardonner, il n'est en tout qu'un vieux soldat de la jeune armée, il remplirait encore les fonctions d'un très-bon caporal, mais dans un cas urgent ou de défaite, il remplirait encore mieux celles d'un grand général ; veuillez m'honorer, je commence :

Art. 3.

Je félicite la France de l'honneur de tant de bras, je félicite le Peuple Français de l'honneur de tant d'armes et épées si brillantes et si luisantes ; je félicite le Peuple de la nouvelle France et les amis de la liberté des grandes nations de l'honneur de tant de munitions de guerre et la liberté chérie de la France, je me félicite moi-même de l'honneur de vous parler.

Art. 4.

Tout le monde s'occupe du présent, tout le monde s'occupe de l'avenir, et moi je veux m'occuper tout au contraire du passé : je veux m'occuper d'abord à remercier les premiers administrateurs de notre nouvelle révolution. Braves et honorables administrateurs, je vous remercie, au nom de tous les Français, de nous avoir conservé d'abord nos biens, de nous avoir conservé nos droits, de nous avoir conservé nos emplois, de nous avoir conservé notre liberté, de nous avoir conservé notre religion ; indépendamment de tout cet état de choses, vous nous avez conservé en outre nos bras, nos armes et notre munition de guerre.

Art. 5.

Si tout au contraire, mes amis, nous eussions eu à faire avec des esprits méchants, avec des esprits vindicatifs et des esprits sanguinaires, il ne leur aurait pas été difficile à eux de nous faire entretuer les uns les autres ; nous aurions, en conséquence, perdu, brisé et cassé nos armes ; on nous aurait fait faire de fausses distributions, on aurait volé, pillé, brûlé et répandu mal à propos, notre munition de guerre, nous voilà sensés dépourvus de tout.

Art. 6.

Qu'en aurait-il résulté au bout d'une perte si générale ? Il en aurait résulté que les enfants de nos combattants de 1815, à Fleurus, à Waterloo, à Mont-Saint-Jean, n'auraient pas manqué de venir à leur tour nous pousser une visite, ils seraient venus glaner et grapiller les débris de nos désastres et nous auraient, en conséquence, apporté à tous, la double chaîne de l'esclavage et nous appartiendrions, jusqu'à ce jour, à des nations étrangères, et nous appartiendrions actuellement aux nations de nos cruels ennemis ; qu'aurions-nous trouvé encore au bout d'événements si déplorables ? Nous aurions trouvé ces trois mots que le grand Napoléon répétait souvent : Honneur, Patrie et Prospérité.

Art. 7.

Eh bien ! mes amis, nous aurions été alors honoré de jour et honorés de nuit, et jusqu'au moment de descendre dans la tombe, la patrie aurait consisté en ceci : Lorsque nos ennemis nous auraient eu tout dévoré, même jusqu'à nos emplois, oh ! alors, nous aurions pu nous hâter de dire tous aujourd'hui : Nous sommes dans une nouvelle patrie, il est certain ; nous sommes dans une nouvelle patrie, puisque ce sont nos ennemis qui nous l'ont acquise, et nous nous sommes leurs esclaves.

Art. 8.

Mais en attendant, consolez-vous, je vous annonce la paix ; je vous annonce la gloire, je vous annonce la victoire. Dieu va nous parler dans l'intervalle du temps que nos administrateurs se réunirent avec nos nouveaux députés; nous eûmes, sans doute, dans notre patrie, quelques personnes pieuses, réellement pieuses, qui se cachèrent dans les lieux les plus obscurs de leurs foyers, où dans les saintes églises, pour y prier le Tout-Puissant afin qu'il nous donne la paix et un Président pour la maintenir. Dieu qui , de toute éternité, a aimé les armes, il nous a donné les armes et il a donné la force de les perfectionner ; mais il nous oblige aussi de nous en servir, il nous dit même, dans ses imaginations secrètes: Peuple et soldats, soyez dévoués à la guerre et soyez surtout courageux au combat, vous serez assez pieux sur la terre ; allez, peuple et soldats, allez défendre vos biens, allez défendre vos droits, allez défendre vos emplois, allez défendre la nation et l'anarchie, allez défendre votre liberté, allez défendre vos femmes et vos enfants; allez, répète le Seigneur, allez défendre vos vieillards et notamment vos pères, vos oncles et vos amis; allez les imiter, comme du temps qu'ils vous défendaient à vous même lorsqu'ils étaient au pouvoir de ce grand conquérant; allez défendre votre religion, car les ennemis lointains ne cherchent qu'à nous tendre des pièges pour venir vous dévorer un jour à tous ; des ennemis, vous en êtes entourés, vous vous en nourrissez même quantité dans votre sein, mais à ceux-là pardonnez-leur, car ils ne savent ce qu'ils font; allez, je vous ordonne de quitter les saints autels de l'église, même au moment de l'action la plus sacrée ; allez prendre vivement les armes et défendez-vous si l'on vient vous attaquer à l'improviste et je vous en serai à tous provident. Dieu ayant aimé ainsi les armes, il ne tarda pas à exaucer les prières de ces gens pieux, il nous donna aussitôt la paix et un Président pour la maintenir.

Art. 9.

Quel est donc celui que Dieu nous a donné pour Président? C'est celui que le peuple et les soldats français désiraient long-temps d'avance; celui que le peuple de la nouvelle France et les amis des Français des grandes nations désiraient aussi ; tous ces derniers, dans l'espoir de

retrouver un jour leur liberté. Qui est donc celui-là ?
Comment le nommez-vous ? C'est Louis-Napoléon Bonaparte, c'est le rejeton de ce grand Napoléon Bonaparte,
empereur des Français, le roi d'Italie, le protecteur
de la Confédération-Germanique, médiateur de la Suisse,
etc..... Le rejeton de ce grand vainqueur d'Arcole,
d'Austerlitz et d'Eylau, le rejeton de celui que l'on vit
du temps jadis parcourir l'Europe entière à la tête de
son armée, son front découvert et son arme en main ;
le rejeton de celui que l'on conduisit à l'île de Sainte-
Hélène pour y passer le reste de ses jours comme esclave
et y mourir comme martyr. Nous l'avons le désiré de
la France! L'aimez-vous ? Le chérissez-vous ? Le servi-
rez-vous? Le public crierait : Vive ! Et moi je réponds :
Il ne s'agit pas de tant crier, nous l'aimons, nous le
chérissons, nous le servirons ; il faut, pour prouver à
l'Europe entière que nous l'aimons, que nous le chérissons, il faut lui faire un présent.

Art. 10.

Il faut lui donner d'abord nos bras, il faut lui donner
nos armes, il faut lui donner notre munition de guerre
et le titre et ample pouvoir de faire manœuvrer sur la
terre et sur l'onde. Oh! dès le moment que notre souverain verrait un présent de cette nature fait par son Peuple, il dirait, voilà un peuple qui m'aime, voilà un
peuple qui me chérit, voilà un peuple qui interprète
les affaires comme je les avais interpréter d'avance, il
faut pourtant que je me lève et que je parle à un peuple
si généreux et si courageux.

Art. 11.

Le Président.

Français, mon peuple, je vous remercie de ce beau
cadeau que vous m'avez fait; je reconnais en ce saint
jour votre générosité et votre courage ; vous m'avez donné tout ce que vous avez de plus précieux, mais
ce qui me rend timide et confus à vos yeux, c'est que
je ne peux pas vous rendre la réciproque en compen-
sation de ce beau présent que vous m'avez fait, mais le
peu que j'ai, peuple et soldats, est aussi à vous tous comme

à moi. Voilà d'abord mon bras, voilà mon épée; Peuple et soldats, voilà mon épée et j'espère que cette épée sera considérée à vos yeux ainsi qu'aux miens comme le premier étendard de la nation. Accourons-y tous, peuples et soldats, soyons dévoués à la guerre et soyons surtout courageux au combat! Marchons, marchons, s'il le faut, contre nos ennemis, marchons!

Dès le moment que nous aurions vu notre nouveau Souverain nous répondre si honnétement, si poliment et si hardiment, nous nous serions aussitôt disposés à lui faire un second présent.

Celui-ci serait presque aussi précieux que le premier mais avec cette seule différence qu'il ne regarderait pas toute sorte de monde, il ne regarderait en partie que les vieux soldats de la jeune armée. Moi le premier, citoyens, j'invite tous mes camarades, et je dis : Allons, mes vieux camarades, celui duquel on parlait si souvent est arrivé et il est parmi nous; allons prendre de suite un nouvel engagement pour marcher rapidement sur les frontières; allons prendre un nouveau matricule et nous ranger au rang de l'armée active; nous demanderons même à former la première ligne pour marcher aux ennemis. Allons, mes amis, marchons, marchons sur les frontières.

Etant sur les frontières, qui trouverions-nous? Nous y trouverions d'abord nos enfants, les enfants de nos parents, de nos amis et nous leur dirions : Mes enfants, nous venons à votre aide pour marcher aux ennemis; courage, nous allons être en première ligne et suivez-nous; nous et nos enfants ainsi réunis, tous bien habillés, équipés et prêts à marcher, comment pourrait-on nous qualifier?

On pourrait nous qualifier de lions à la guerre et de frelons au combat; aussitôt le commandement de Mars se ferait entendre et nous irions, en conservant la position primitive du front de bataille, droit à Mayence y placer nos étendards.

Oh! ville de Mayence et peuple qui t'environne depuis l'année 1813, après avoir aussi tant combattu pour la gloire de nos armes, après les chants affreux de la Russie, vous eûtes la faiblesse de succomber et de vous

rendre à vos ennemis, après que l'on vous eût promis des faveurs toutes mensongères, vous eûtes par tout, la chaîne de l'esclavage. Les Français viennent aujourd'hui pour vous délivrer : voilà nos bras, donnez-nous les vôtres, nous avons besoin de vous et vous avez besoin de nous ; étant à Mayence, pour fraterniser avec ce nouveau peuple régénéré, moi le premier j'aurais crié : Vive la France ! Vive Louis-Napoléon Bonaparte et sa parenté, ils sont tous les amis des Français.

Art. 12.

Messieurs, nous avons une partie des Français qui ont creusé ou fait creuser une fosse pour y engloutir l'autre partie des Français ; ils y ont creusé ou fait creuser un précipice pour s'y engloutir eux-mêmes immédiatement, le tout formant ainsi une citerne où les Français descendront un jour à la fois ; ils y seront enfermés à clé par nos ennemis lointains.

Art. 13.

Au commencement de notre nouvelle Révolution, tous les Français firent un mouvement, imitant une troupe fuyante, craignant déjà les ennemis lointains ; tous, ils passèrent à côté de cette citerne sans qu'aucun ne s'en soit aperçu, mais ils furent tous fort excusables parce qu'ils y passèrent pendant une nuit fort obscure.

Art. 14.

Il y eut cependant sur la totalité d'une troupe si nombreuse, sur la totalité d'une troupe si honorante, il n'y en eut qu'un seul qui différa de marcher tout comme les autres ; il se figurait que c'était un des principaux, de ceux qui connaissent l'allure de nos ennemis, mais ce dernier si honorable, resta en arrière pour de bonnes intentions, il resta en arrière pour voir et écouter attentivement, pour voir si nos ennemis ne venaient déjà ; il passa une bonne partie de la nuit à voir et à écouter, il ne vit et n'entendit rien ; après quoi il reprit la route ordinaire de ses compatriotes ; son retard fit que la providence divine lui accorda l'avantage de passer de jour devant cette citerne ; étant à hauteur de ce beau lieu,

si vaste en largeur et en profondeur, il fut réellement curieux de s'y arrêter un instant et de voir ce que c'était.

Il aperçut sur la face la plus apparente, un écriteau en grandes lettres, où se lisaient ces mots :

FRANÇAIS, JE VOUS ANNONCE LA PAIX, JE VOUS ANNONCE LA GLOIRE, JE VOUS ANNONCE LA VICTOIRE.

Aujourd'hui, vous avez la plus belle perspective du monde, mais c'est à vous de savoir en profiter et de prendre tous la marche certaine, car si, par malheur, vous prenez la marche incertaine, voilà votre cimetière, voilà votre tombeau.

Art. 15.

La marche certaine, mes amis, la voici : C'est de nous unir tous et de quitter tous à la fois ces opinions frivoles, car elles ne sont bonnes que pour attirer les ennemis chez nous pour venir nous dévorer à tous et de prendre tout l'opinion de nos armes, car aujourd'hui, mes amis, tous ce que nous possédons doit être défendu et respecté par la force de nos armes, une fois que nous serons unis et d'accord, que chacun de nous se sera mis en état de défense contre nos ennemis et que nous aurons foulé à nos pieds ces opinions frivoles, un de la troupe honorante demandera aussitôt la parole et s'avancera à quelques pas vers notre front de bataille et prononcera à haute voix ces mots :

Art. 16.

Peuple et soldats, le père et le fils décédés, quel malheur pour la France, quelle disgrace pour les Français ; le père et le fils décédés parmi ses ennemis et au milieu de ses bourreaux ! Que nous feraient-ils à nous s'ils nous tenaient ?

Le père et le fils décédés !...

Le neveu, le cousin doit régner, le peuple le fera triompher et nos soldats iront un jour le couronner au fond de l'Europe. Voilà, mes amis, de la manière que tout sera défendu et respecté par la force de nos armes jusqu'à la religion qui doit être défendue et respectée par la même force.

Art. 17.

Prélats, ecclésiastiques de nos diocèses, tenez-vous

sans doute à la sainte Eglise catholique, la mère de tous
les chrétiens? Tenez-vous sans doute à la sainte église
catholique la mère chérie de tous les chrétiens pieux ?
Tenez-vous sans doute à la sainte église catholique votre épouse? Si vous y tenez, donnez-nous-en quelque
preuve ; prenez vous-même la croix et les étendards de
la religion et apportez le tout au milieu de nos faisceaux
d'armes; alors nos vaillants soldats, nos armes, notre
munition de guerre, l'épée de Louis-Napoléon Bonaparte et la voix du canon, mettront, s'il le faut, nos
ennemis à la raison.

Voilà, mes amis, le véritable point de la marche certaine.

ART. 18.

Observations de la marche certaine.

Un du contre parti me parle avec un air de mépris
et il n'est pas non plus l'ami du Président; il me dit :
Dites-moi, camarade, vous ne savez nous parler que de
votre Bonaparte, et donnez-nous quelque preuve par
laquelle ce Bonaparte doit être chéri de préférence à
tout autre, et nous serons aussitôt vos amis. Camarades
si vous ne voulez que ça, vous serez bientôt servi.

ART. 19.

Oui, citoyen, à chaque phrase que je viens de vous
citer, Louis-Napoléon Bonaparte doit être chéri, loué
et honoré ; à chaque phrase que je vais vous citer, Louis-
Napoléon Bonaparte doit être partout chéri, loué et
honoré ; et pourquoi, si par exemple nos soldats désiraient un jour aller pleurer et gémir sur les champs de
bataille de Wagram, d'Austerlitz, Marengo et Mont-
Saint-Jean, qui aurait de l'intérêt à nous y conduire ?
Louis-Napoléon Bonaparte.

Si jamais nos soldats désiraient un jour aller pousser
une visite au Peuple de la nouvelle France et aux amis
de la liberté des grandes nations et les consoler à tous
de leur malheureux sort de l'esclavage, qui aurait de
l'intérêt à nous y conduire ? Louis-Napoléon Bonaparte.

Si jamais nos soldats désiraient un jour aller répandre

des larmes auprès du lit de douleur, de maladie et auprès du lit de mort du défunt duc de Reichstadt, fils de Napoléon, appartenant à la France, qui aurait de l'intérêt à nous y conduire ? Louis-Napoléon Bonaparte.

Si jamais nos soldats désiraient un jour voir dans les champs en campagne les enfants de nos héros sous l'empire et les consoler tous par leur courage, le dévoûment et leur zèle, qui aurait de l'intérêt à nous y conduire ? Louis-Napoléon Bonaparte.

Si jamais nos soldats désiraient un jour aller partout délier, rompre et briser les chaînes de l'esclavage de tout le peuple de l'Europe et couronner immédiatement son potentat, qui aurait de l'intérêt à nous y conduire ? Louis-Napoléon Bonaparte.

Voilà où je vous prouve que Louis-Napoléon Bonaparte doit être partout chéri, loué et honoré; en conséquence, les vertus théologales nous disent : Hors de l'Eglise point de salut. Et moi je repète : Hors de Louis-Napoléon Bonaparte et sa parenté, plus de souverains en France, plus de liberté, plus de religion catholique, plus d'abondance de biens pour personne et l'esclavage pour tous.

Art. 20.

Prenez garde, l'orsque nos ennemis auront rompu notre armée, qu'ils se seront emparés de nos villes principales et de tout ce que nous possédons, prenez garde, qu'ils ne prononcent ces mots, qu'ils ne les aient déjà combinés d'avance, et qu'ils ne se disent les uns aux autres : Citoyens, ne savez-vous pas que les Français sont des farceurs, que les Français sont des agioteurs; qu'en 1814, nous leur emmenâmes un souverain; en 1815, nous fûmes à la même peine; 15 ans après ils le renvoyèrent encore; ils s'en choisirent un autre à leur idée, dix-huit ans après ils l'expulsèrent encore.

Art. 21.

Mais vous avez tant voulu les ennemis, il faut bien que je vous dise de la manière qu'ils vous traiteront. Esclaves des nations étrangères, celui qui payerait 50 francs de contributions, payerait 150 à 200 francs; nous ne ferions pas le commerce que nous voudrions; nos emplois nous seraient supprimés; l'instruction de nos enfants serait prohibée; nos soldats seraient expatriés; la religion serait méprisée, les ministres de la religion seraient noircis, seraient insultés, nous voudrions quelquesfois nous en mêler et nous serions aussitôt fouettés, sans compter d'autres choses fort pénibles.

Art. 22.

Puisque nous sommes au pouvoir des étrangers, il faut faire les adieux à ce que nous possédons, mais dans ce moment-ci, contentons-nous de faire les adieux à l'objet et à l'être le plus précieux que nous ayions le bonheur de posséder; contentons-nous aussi de faire les adieux à l'objet, à l'être et à l'arbitre le plus rare du monde qui est Louis-Napoléon Bonaparte et sa parenté.

Art. 23.

Adieu, nouveau Potentat de France, adieu! Vous étiez venu dans l'intention de calmer nos pleurs, de sécher nos larmes; vous étiez venu aussi pour nous consoler à tous; en venant parmi nous, vous crûtes trouver un peuple généreux et courageux; vous crûtes trouver en outre les témoins de la mort ignominieuse du père et du fils; étant parmi nous, qu'avez-vous trouvé? Vous avez trouvé un peuple jeune, un peuple ignorant, un peuple aveugle et des endurcis de cœur, aucun d'eux n'a su connaître qui vous étiez; aucun d'eux n'a su connaître que c'était la force et la gloire de nos armes, qu'ils devaient défendre et respecter le peu que nous possédions. Aucun d'eux n'a su connaître que c'était vous le seul et unique qui pouviez nous conduire à la gloire de ces armes.

Adieu, soldats! Adieu, les armes de France! Adieu, les grands hommes! Adieu, l'armée entière! Adieu, Potentat! vous ne paraîtrez plus désormais sur les histoires; si vous y paraissez, vous y paraîtrez sur les histoires déshonorantes; après que nos ennemis se seront ri de nous, ils diront: Les Français, au moment où ils avaient la plus belle perspective du monde, ils ont préféré acheter tous à grand frais la double chaîne de l'esclavage, mais ils la porteront à perpétuité. Adieu, France chérie! Adieu, patrie religieuse! Tout est perdu! tout est consommé.

Art. 24.

Venez tous lire après moi; une fois que vous aurez lu, vous finirez par comprendre mieux que moi.

Alors vous pleurerez tous et vous gémirez, nous verrons aussitôt opérer des miracles; quels miracles verrons-nous? Nous verrions les opiniâtres principaux et même les ecclésiastiques, venir vers notre front de bataille pour honorer nos armes et nous dire : Peuple et soldats, nous avons reconnu notre innocence et notre ignorance, mais nous disons en votre présence à lucifer le titre et l'abondance du bien au ciel et au Seigneur, nous voulons prendre les armes tout comme vous car nous voulons nous défendre et nous cabrer contre nos ennemis. C'est de cette manière que nous conserverons nos titres et nos droits, car nous serons désormais tous des frères.

Art. 25.

Le public me parle : Dites-moi, camarade, vous nous avez dit au commencement que vous n'aviez pas de l'instruction ni de l'éducation, et comment faites-vous pour nous développer si bien ces mots sans hésiter, sans balbutier et sans vous tromper; à vous entendre on dirait que vous avez été partout.

Art. 26.

Moi je suis différent à tout autre : j'ai un pied en France et un autre à Saint-Pétersbourg; j'ai une oreille en France et une autre à Vienne, elle entend aussi à Berlin; j'ai un œil en France et j'en ai un autre à Londres, il voit en même temps toute la Grande-Bretagne, il voit même jusqu'au fond des ondes; mes idées, mes oreilles et mes yeux sont partout à la fois.

Art. 27.

Partout je vois mouvoir à la fois les masses de ces peuples, de ces soldats étrangers, ils se réunissent, ils se meuvent d'une manière presque insensible, presque imperceptible, mais cependant en appuyant un peu du côté de la France.

Partout je vois manœuvrer uniformément, partout la marche de front, partout la marche de flanc, partout la marche en colonne, jusqu'à la marche en bataille et le passage de ligne en avançant vers la France.

Partout le même cancan, partout le même mot et partout dans l'intention d'envahir un jour la France.

Partout je vois signaler à la fois, partout à la même hauteur, partout d'une manière presque horizontale et partout vers le pivot de la France.

Partout je vois et j'entends les mêmes menaces, partout, par voix, par gestes et partout dans l'intention de dévorer un jour la France.

Et ils nous disent tous à haute voix, les étrangers : Ah! farceurs de Français, si jamais nous pouvons vous atteindre ce sera pour une bonne et dernière fois.

Avec vos révolutions sur révolutions, vous êtes les auteurs que notre peuple a failli nous renverser à tous; mais si jamais nous pouvons vous atteindre vous la porterez cette double chaîne de l'esclavage, vous la porterez à perpétuité.

Art. 28.

Voilà ce que nous disent les étrangers; vous ne vous en êtes pas aperçus mes amis? Ah! ciel que c'est pénible pour les Français ignorants.

C'est encore beaucoup plus pénible pour les Français éclairés et qui ne sont point au pouvoir.

Art. 29.

Oh! que de fautes depuis 1830, c'est-à-dire depuis le moment que nous avons déroulé l'étendard à triple couleur, jusqu'à laisser fouetter le peuple de la nouvelle France au pied de nos remparts.

Que prétendez-vous dire au pied de nos remparts, vous qui n'avez pas quitté votre village depuis bien longtemps?

Moi j'ai vu jusqu'à l'attitude qu'ils tenaient en les fouettant; ils tenaient l'esclave d'une main et ils fouettaient de l'autre, et la tête et les yeux étaient tournés vers la France.

Ils tenaient les captifs d'une main et ils fouettaient de l'autre et les yeux et la tête tournés vers la France.

Pour voir si les Français ne venaient déjà, crainte qu'ils ne vinssent pour changer leur projet, les Français ne bougèrent point, ils continuèrent à fouetter et ils fouettent encore.

Art. 30.

Mais nécessairement, camarade, vous avez lu ou quelqu'un vous a donné quelque leçon à cet égard, car il n'est pas possible que de vous-même vous ayez pu composer tous ces mots. Il est certain que j'ai reçu des leçons de l'empereur de Russie; oui, Messieurs, l'empereur de Russie, vers le 25 novembre 1830, fit insérer, sur les journaux, la phrase suivante, et il disait : Les Français n'auront pas le colosse qu'ils avaient du temps jadis pour les défendre. Que voulait-il dire par là, qu'il viendrait quand il voudrait. Mais au même instant l'Italie, le Piémont, la Belgique, la Hongrie et les braves Polonais, se révoltèrent à la fois et ceci changea le projet de l'empereur de Russie ainsi que des autres; mais notez que pour cela nous ne sommes pas oubliés; l'empereur de Russie n'a jamais si bien dit la vérité en prononçant ces mots. Il est certain, nous ne l'avons plus le colosse, et pourquoi, parce qu'il était déjà décédé ? Non, mais en outre de cela, nous ne l'avions plus en 1830, encore bien moins aujourd'hui. Et pourquoi ?

Parce que celui que nous avons aujourd'hui en vaudrait six comme le premier.

Eh bien ! cette fois-ci, vous nous vexez, vous nous insultez, en voulant comparer Louis-Napoléon Bonaparte à son oncle.

Art. 31.

Je veux vous le prouver tout de suite :

Il fallait, dès le premier moment où nous fûmes tous trop dignes de félicitations de l'avoir parmi nous; il fallait aussitôt imiter ce peuple et ces soldats de 1815, au retour du Grand-Napoléon, venant de l'île d'Elbe à Paris; il fallait aussitôt se montrer tous volontaires et prendre les armes en son honneur et faire retentir ces mots à haute voix :

Le père et le fils décédés ! Il faut le faire triompher et un jour le couronner ; de cette manière la désertion n'aurait pas eu lieu, tout aurait été présent et volontaire sous les armes.

A cet enthousiasme, le peuple de la nouvelle France et les amis de la liberté des grandes nations se seraient éveillés étant en face de nos ennemis prêts à combattre.

L'épouvante dans leurs rangs se serait aussitôt propagée, et jusqu'à ce jour nos étendards flotteraient dans toutes les capitales ; mais si nous ne voulons rien faire pour lui il partira et nous périrons tous.

En conséquence, lorsque Louis-Napoléon Bonaparte partira la France périra.

Lorsque Louis-Napoléon Bonaparte et sa parenté partiront les Français périront.

Art. 32.

Honneur aux vieux soldats de la vieille armée, et quelques sensibles reproches à quelques-uns de la jeune armée.

Vous rappelez-vous, mes vieux camarades, qu'au commencement de notre service nous servîmes avec de vieux et de jeunes soldats de ce Grand-Napoléon ? Vous rappelez-vous comme ils étaient si consolants, ils nous disaient : Oh ! mes enfants, quel plaisir c'était que de servir ce Grand-Napoléon ; il nous aimait, ils nous chérissait et il nous contemplait toujours d'un œil tout-à-fait d'amitié.

Il nous aimait tellement qu'il nous le prouvait tous les jours ; il nous fesait promener de ville en ville, de bourg en bourg, de village en village, de hameau en hameau ; il nous conduisait souvent aux jeux et aux amusements qui nous convenaient le mieux ; ces jeux et ces amusements étaient de figurer souvent devant nos ennemis. Oh ! dès le moment que nous apercevions ces bataillons ennemis, si bien formés en bataille, qui venaient vers nous.

Ils nous fesaient rappeler les jardins clos de nos parents ; l'intervalle de chaque bataillon nous fesait rapperler l'intervalle des jardins clos de nos voisins et de nos parents.

Au milieu de ces bataillons nous apercevions leur étendard. Oh! cet étendard, il nous fesait rappeler les premiers fruits que la providence divine nous envoie tous les ans, et nous disions les uns aux autres : Mes amis, voilà le printemps, voilà le nouveau fruit qui s'offre déjà à nos yeux, préparons-nous d'aller cueillir bientôt ce nouveau fruit, nous n'avions pas songé à cela, que nous entendions aussitôt les balles siffler à nos oreilles et nous disions aussitôt: Mes amis, voilà les mouches à miel qui viennent déjà nous annoncer le printemps et bientôt la maturité de ce nouveau fruit ; préparons-nous, mes amis, à aller cueillir bientôt ce nouveau fruit.

Nous entendions aussitôt ronfler les canons.

Nous répétions, voilà les frelons qui viennent nous annoncer la maturité totale de ce nouveau fruit ; allons, partons cueillir ce nouveau fruit, et nous allions cueillir ce nouveau fruit à la pointe de nos baïonnettes et nous portions ce nouveau fruit à notre vaillant guerrier qui nous donnait l'étrenne et nous donnait la décoration d'honneur.

Que c'était beau et honorable pour les soldats français ! Du temps que nos pères et mères et nos frères cultivaient, Napoléon nous décorait; ne vous en rappelez-vous plus de ceci, mes camarades? et cependant, je vous ai vu au banquet républicain. Revenez dans vos bons sentiments, rappelez-vous que la France et la Nation sont prêtes à périr ; qui sauvera la France et la Nation, ce seront les vieux soldats de la jeune armée.

Mais toujours sous les ordres de Louis-Napoléon Bonaparte et de sa parenté.

ROGÉ, Cultivateur.

Toulouse, imp. de A. Froment Fils.

www.ingramcontent.com/pod-product-compliance
Lightning Source LLC
Chambersburg PA
CBHW050402210326
41520CB00020B/6416